VICTOR DE CESSOLE

PREMIÈRE ASCENSION D'HIVER

A LA

POINTE DE L'ARGENTERA

3 290 MÈTRES

NICE
IMPRIMERIE V.-EUG. GAUTHIER ET Cⁿ
27, Avenue de la Gare, 27
1902

PREMIÈRE ASCENSION D'HIVER

A LA

POINTE DE L'ARGENTERA

3 290 MÈTRES

*Extrait du 22me Bulletin de la Section des Alpes Maritimes
du Club Alpin Français.*

Victor de Cessòle

PREMIÈRE ASCENSION D'HIVER

A LA

POINTE DE L'ARGENTERA

3 290 MÈTRES

NICE
IMPRIMERIE V.-EUG. GAUTHIER ET C°
27, Avenue de la Gare, 27

1902

PREMIÈRE ASCENSION D'HIVER

A LA

POINTE DE L'ARGENTERA

(3 290 MÈTRES)

———

En écrivant le récit de diverses ascensions à la Pointe de l'Argentera (1), je ne pensais guère être amené, plus tard, à relater une escalade hivernale sur ce sommet. J'avoue — et je n'ai certainement pas été le seul à partager cette opinion — que j'avais toujours mis en doute la possibilité de gravir l'Argentera en hiver, en partant de la Ciriegia, le dernier point habitable en cette saison au delà de Saint-Martin-Vésubie.

Une occasion exceptionnelle, unique peut-être depuis que les alpinistes fréquentent nos montagnes pendant l'époque rigoureuse, s'était présentée au début de l'année 1896 : la

(1) *Souvenirs d'ascensions à la Pointe de l'Argentera (Bulletin de la Section des Alpes Maritimes du Club Alpin Français, 1900).*

neige tombée en automne avait très rapidement fondu grâce
à un temps merveilleux qui se continua durant plus de
cinquante jours. Mon humeur grimpeuse avait été amplement
satisfaite par une remarquable réussite aux cimes des Gelas,
de Nasta et du Brocan, mais mon ambition n'était pas allée
jusqu'à prétendre de pouvoir vaincre l'orgueilleuse Argentera.
Quelque risquée que parût être cette course, elle eût été
pourtant réalisable dans les premiers mois de 1896, ainsi que
le reconnaissaient mes guides.

L'occasion, dit-on, n'a qu'un cheveu. Il faut la saisir quand
elle s'offre à vous, sinon on court le risque d'attendre longtemps avant de la voir se représenter... si toutefois elle doit
se renouveler. Je n'en profitais pas ; depuis lors je demeurais
dans la persuasion qu'il fallait renoncer à l'exécution de cette
idée. C'est ainsi que les années suivantes je poursuivais
ailleurs, dans les Alpes Maritimes, mes ascensions hivernales (1).

Trois ans plus tard, au commencement du mois de
mars 1899, mon jeune camarade Charles Gondoin m'engagea
à reprendre le projet qu'il s'imaginait réalisable avec de
l'entraînement et de la volonté. Nous partîmes, il est vrai,
mon compagnon, avec une confiance sérieuse, et moi, avec
mes doutes premiers. Nous nous installâmes à la Ciriegia.

Pour nous mettre en contact avec la montagne, nous
commençâmes par visiter les *Cimes de Naucetas (2 707 m.)
et de la Leccia (2 672 m.)*, d'où l'on peut convenablement
juger du long parcours à effectuer pour gagner l'Argentera.
Le jour d'après était destiné à la tentative projetée : la neige
portant raisonnablement, nous songions, dès le Col de Ghilié,

(1) Voir mes relations : *En hiver, ascensions dans les Alpes
Maritimes (Annuaire du Club Alpin Français, 1897)*, et *Ascensions
hivernales dans les Alpes Maritimes (Bulletin de la Section des
Alpes Maritimes du Club Alpin Français, 1897)*. — Consulter les
notes d'ascensions publiées sous la rubrique « Excursions particulières » dans les Bulletins de la Section des Alpes Maritimes du
Club Alpin Français des années 1898, 1899, 1900 et 1901.

à chausser les crampons, mais un vent glacial du Nord (therm. cent. — 14°) paralysait nos mouvements au point d'empêcher cette opération. Il n'y avait pas à lutter davantage contre une pareille intempérie. Le Mercantour nous offrit un avantageux dédommagement : du sommet de ce belvédère nous jugeâmes avec quelque satisfaction que le haut du couloir de l'Argentera, si nous avions eu le temps nécessaire pour l'atteindre, nous aurait opposé une forte résistance par suite de la neige qui l'encombrait.

Une telle observation avait paru me convaincre sur place que l'Argentera imposait le plus grand respect en hiver, et cela, non seulement à cause des difficultés pouvant se rencontrer dans la traversée du couloir Sud-Est, mais surtout en raison de la longueur du trajet à accomplir depuis la Ciriegia jusqu'au pied des derniers rochers. En effet, lorsque le terrain est, en été, libre de neige, cette course varie entre sept et huit heures de marche ; en hiver, cet horaire ne peut naturellement plus être évalué pour peu que la neige soit défavorable, sans compter que la température rigoureuse et la brièveté des journées diminuent encore considérablement les chances de réussite. Je restais donc sous l'impression qu'il valait mieux renoncer à essayer cette entreprise.

Vers la fin du mois de novembre de la même année, la neige ne couvrait les sommets qu'en très petite quantité, comme je le constatais au cours d'une série d'ascensions, notamment au Caire du Préfouns (1), au Bastione et au Brocan, suffisamment difficiles à escalader à la fin du mois de novembre. Mes guides étaient, ainsi que moi-même, persuadés d'un heureux résultat, si nous avions décidé de nous hasarder à l'Argentera. Je ne voulus pas l'entreprendre dans ces conditions et à cette époque, bien qu'une ascension de ce genre, même accomplie dans les

(1) Voir ma relation : *Ascensions autour du Lac Noir (Alpes Maritimes) (Annuaire du Club Alpin Français,* 1900, p. 91 et suiv.).

tout premiers jours de décembre, eût été passablement
intéressante.

Le 21 janvier 1901, j'étais revenu dans le massif de
l'Argentera, en montant à la *Cime du Baus* (3 068 m.) avec
une peine et une fatigue hors mesure.

Un an après, à pareil jour, je reprenais la même direction
et par le Col du Brocan je gravissais le *Bastione* (3 042 m.).
Ce fut un plaisir délicieux que de pouvoir arpenter ces
surfaces glacées sans avoir à déployer trop d'efforts. Dire
que notre marche fut aussi aisée que sur le terrain, serait
peut-être excessif, car quelque bonne que soit la neige, elle
offre toujours moins de résistance que le sol ordinaire ; sur
la couche durcie, l'empreinte du pied restait ce jour-là à peine
marquée, excepté en certains passages au Nord et dans
quelques bas-fonds où la neige accumulée demeurait sensiblement molle. Mes guides étaient littéralement émerveillés : le
père Plent observait avec juste raison que nous n'avions
jamais aussi commodément circulé dans la haute montagne
en hiver, depuis sept ans que nous la visitions ensemble en
cette saison.

Le magnifique succès de cette excursion inspira à chacun
de nous la commune pensée d'aller nous porter du côté de
l'Argentera : nous ne nous dissimulions pas cependant que le
parcours serait extrêmement long et pénible et que suivant
les conditions du couloir, il y aurait pour le traverser probablement un sérieux travail à exécuter. De la cime du Bastione on
ne pouvait malheureusement inspecter tout à fait la paroi Est.
La partie dernière de l'ascension restait donc réservée quant
au résultat ; le mieux était de tenter résolument l'aventure,
quitte à risquer une marche inutile d'un grand nombre
d'heures.

Parfaitement entraîné par la course au Bastione, je m'orga-
nisais le lendemain 22 janvier pour venir passer la nuit à
l'hôtel de la Ciriegia. Pour parer à toute éventualité, je m'étais
adjoint, en outre des deux guides Plent, un guide supplémen-

taire, Dominique Martin : tous trois formaient une caravane homogène.

Avisé de mon projet, mon ami Deodato Escoffier, me télégraphiait, au moment où nous quittions Saint-Martin, ses regrets d'être empêché de se joindre à nous en cette circonstance.

Nous arrivions de bonne heure dans l'après-midi à la Ciriegia et avions ainsi le temps de nous y établir avant la nuit. J'en profitais pour jouir à mon aise du coup d'œil véritablement pittoresque qu'offraient le plateau de la Ciriegia et la vallée du Boréon, superbement encadrés par les hauts escarpements de la Cime de Giuisses et du Mont Pelago. La couche neigeuse, qui atteignait vers le 1er janvier jusqu'à 1 m. 25, mesurait encore plus de 40 centimètres de hauteur. C'est dire qu'autour de nous les riantes prairies, au milieu desquelles de joyeuses bandes de touristes viennent en été prendre leurs ébats, disparaissaient sous un épais linceul. Les grands arbres des forêts environnantes jetaient une note sombre dans ce concert de blancheurs.

Cette vue de paysage polaire, inconnue à Nice et sur le littoral, présentait un attrait suggestif et contrastait singulièrement avec le spectacle que l'on observe pendant la belle saison. Bien qu'habitué à l'aspect hivernal de nos vallées alpines, j'apprécie toujours à sa véritable valeur ce genre spécial de panorama.

Je me permets de recommander aux excursionnistes une promenade au Boréon en hiver. L'hôtel peut en faciliter le séjour. On y trouve alors l'avantage de l'idéale solitude avec le calme reposant de la montagne. A défaut du bruit de la rue ou du roulement du tramway, on entend bien un peu parfois au travers des portes ou des fenêtres souffler la bise glacée, mais on ne tarde pas à s'accoutumer à la froide température qu'apporte cette visiteuse importune.

En ce qui nous concerne nous n'avons pas eu à souffrir du froid : en nous rendant à l'hôtel, nous avons dû supporter une chaleur vraiment excessive et à 5 heures du soir, à l'instant où le jour disparaissait, le thermomètre marquait + 2°. Le soleil s'était couché en projetant des reflets étincelants d'or rouge sur les roches vives du Pelago ; dans l'ouverture du Col Saint-Martin, la lumière s'effaçait insensiblement, à mesure que la lune se levait triomphalement au-dessus de la Cime de Giuisses. Tout annonçait pour le lendemain une journée de choix.

J'avais à cœur d'en profiter.

Le repas fut pris sans retard et la veillée abrégée.

Après un repos de quelques heures à peine, nous fûmes, à minuit, sur pieds. Malgré la célérité déployée par chacun de nous, les préparatifs de départ traînèrent en longueur beaucoup plus qu'il n'aurait convenu : à 1 h. 30 min. seulement, nous nous trouvâmes prêts à quitter la Ciriegia. La pression barométrique était à ce moment de 644 $^{m/m}$ et la température de — 2°. Pas le moindre nuage ne flottait dans l'air : la lune, c'est le cas de le dire,

> Comme une lampe d'or dans les cieux suspendue,

épandait sur nous sa poétique clarté en éclairant notre route d'une façon presque resplendissante. L'usage de la lanterne devenait par ce fait inutile : cet avantage était des plus appréciables dans une marche de nuit, toujours malaisée lorsqu'il faut se diriger en dehors des sentiers battus ou sur des pentes glacées.

La course de l'avant-veille nous avait prouvé d'autre part que les raquettes et les crampons demeureraient sans emploi ; les conditions favorables de la neige nous valurent de n'avoir pas à nous charger de ces outils encombrants. En certains endroits, notamment dans la forêt des Erps, nous retrouvâmes nos traces, qui soulagèrent sensiblement nos pas et nous aidèrent à gagner sans trop de fatigue la combe de Ghilié. A quatre reprises différentes nous fîmes une halte de cinq minutes et à 4 h. 45 min. nous atteignions le Col de Ghilié, où nous nous restaurions rapidement pour reprendre à 5 heures notre marche vers la base du Brocan.

En vue du col de même nom nous profitions d'un nouvel arrêt de cinq minutes pour mieux considérer vers l'Ouest l'ensemble des hauts sommets gracieusement colorés par la douce lumière de l'astre de la nuit. Parmi ces cimes, l'Argentera se montrait imposante entre toutes avec des contours nettement accusés. Quelles sensations profondes n'éprouvions-nous pas de nous rencontrer, en plein hiver et à une heure aussi matinale, dans ces régions grandioses et impressionnantes ! Cet étrange spectacle, nous apparaissant dans le mystérieux silence d'une nuit sereine, obsédait à la fois nos yeux et notre esprit.

L'intérêt de cette vision s'accrut encore au moment où nous contournions la base occidentale de la Cime de Nasta. A cet instant, vers 6 heures du matin, la lune allait disparaître derrière la Tête du Claus, dont l'arête sommitale, pareille à une fine dentelure, se profilait sur le globe de feu. Une ombre légère nous envahit tout à coup, mais elle fut de très courte durée ; presque aussitôt les premières lueurs de l'aube se manifestèrent de l'autre côté des crêtes du Brocan, de la Nasta et de l'Argentera, alors que nous songions déjà devoir recourir aux bons offices de la lanterne. Nous descendîmes ainsi avec la sûreté voulue les pentes de la Nasta ; le vague de la pénombre différenciait à peine la déclivité de l'escarpement neigeux d'avec le fond du vallon de Nasta. Tour à tour nous eûmes à traverser des rochers verglassés et des côtes en neige molle, tout à fait de face au hardi contrefort de l'Argentera finissant à la Madre di Dio.

Vers 7 h. 15 min. nous touchions en quelque sorte à la base du large couloir d'éboulis qui, actuellement converti en une immense coulée neigeuse, part du sommet même de l'épaulement méridional de l'Argentera, coté 3 191 m. par la carte Paganini.

Nous étions là exactement au-dessous de la Pointe

3 051 m., qui marque le point principal de l'arête reliant la Cime de Nasta à la Cime Sud de l'Argentera.

Nous avions considéré par avance que l'ascension de ce couloir pourrait constituer l'un des passages les plus pénibles de la course, selon que la neige se trouverait tout à fait molle ou bien recouverte de verglas. Nous ne tardâmes pas à nous apercevoir, en reprenant notre marche à 7 h. 25 min., que cette surface rapide était à peu près glacée et par conséquent difficile à escalader si l'on ne taillait des degrès, ce qui nous eût fait perdre beaucoup de temps. Nous eûmes la chance de rencontrer sur le côté droit du couloir, c'est-à-dire à notre gauche, une bande de rochers, dégarnie de neige, allant dans le sens de la pente. Nous la prîmes aussitôt ; aux trois quarts de la hauteur totale, il nous fallût revenir sur la neige, un peu meilleure dans la partie supérieure du couloir.

Nous avions espéré, selon les prévisions de Jean Plent, nous élever au haut de la pente en moins de quarante-cinq minutes ; il n'en fut rien, car malgré la promptitude de notre marche, nous n'y arrivions qu'à 8 h. 55 min. Nous avions grande hâte de rejoindre ce point, tout indiqué pour y goûter un repos et une collation devenus nécessaires.

C'est là même que s'ouvre sur l'arête de l'épaulement de l'Argentera (3 191 m.) une petite dépression que nous appelons communément le *Col des Eboulis*, parce que le couloir qui y amène et que nous venions de parcourir, est en été tout recouvert de débris éboulés. Les rochers de cette baisse constituent un point d'arrêt entièrement en vue de la paroi orientale de l'Argentera, au milieu de laquelle se développe le couloir Sud-Est d'ascension ; de plus, ils étaient très favorables pour notre station, en raison de leur excellente situation méridionale, qui nous permettait de nous réchauffer très agréablement au soleil.

Tout en étalant nos provisions, notre principale préoccupation était de supputer les chances de la réussite finale. Nous avions donc effectué plus de six heures et demie de marche

sans savoir encore si le succès couronnerait nos efforts ;
l'heure décisive avait sonné. Après un minutieux examen des
rochers, nous fûmes d'avis que sauf des difficultés imprévues
l'escalade pourrait probablement s'effectuer, bien que le
parcours du couloir Sud-Est dût être assez délicat.

Je crois nécessaire d'indiquer ici l'état exact de la neige :
ce sera là évidemment le renseignement intéressant que
tiendront à connaître les ascensionnistes de la Cime Sud de
l'Argentera en été. La nappe neigeuse recouvrait naturellement la combe dominée par la muraille Est de l'Argentera et
elle remontait jusqu'à hauteur du couloir qu'elle comblait à
peu près sur la moitié de son développement total à partir de
la dépression de l'épaulement. De suite après, le couloir
s'élevant très escarpé vers le sommet, se montrait marqué
par un ruban de neige particulièrement apparent.

Quand on monte à l'Argentera pendant la belle saison on
s'engage, non loin de la dépression, dans l'ouverture du
couloir ; actuellement il ne saurait s'agir de pratiquer une
telle route. C'est vers l'endroit où le couloir commence à se
dessiner d'une façon plus visible qu'il faudra chercher un
point d'attaque favorable. Ainsi en avions-nous jugé pendant
que nous jouissions une heure durant de cette perspective
nouvelle.

Le temps persistait fort beau (bar. 521 $^{m/m}$; therm. 0°
au soleil). Tout nous invitait donc à poursuivre notre tentative.

Au départ de la dépression, nous descendîmes dans la
combe sur une forte pente de neige qui, bien que tout à fait
molle, nous permit d'aller aisément au but. Dans cette partie
du trajet, orientée au Nord, nous éprouvâmes un froid intense
aux pieds, et cela, exactement au moment où allaient se
présenter les difficultés prévues pour atteindre les premiers
rochers du couloir. Il nous fallut un peu plus d'un quart
d'heure de véritable escalade, passablement embarrassante,
sur des rochers à peine émergents de la neige, pour arriver

en bonne place, à l'endroit où le couloir commençait réelle-
ment pour nous.

Nous nous mîmes à la corde ; puis, nous suivîmes la trace
tantôt sur la neige même qui résistait parfaitement sous nos
pieds, tantôt sur le bord du couloir qui fournissait par inter-
valles d'excellentes saillies de rochers.

Nous eûmes parfois l'occasion de nous assurer avec la main
à la paroi de la montagne, mais en général nous suivîmes le
côté opposé, en partie dépouillé de neige. Avant de joindre
le point où le couloir se ramifie en deux branches, nous
grimpâmes une paroi de pur rocher en plein sur l'abîme ;
puis, après avoir traversé la bande neigeuse de la branche
orientale nous touchions l'extrême arête : encore un petit
ressaut rocheux à surmonter et par une bosse de neige nous
parvenions enfin à 11 h. 50 min. à la pyramide de la **Cime
Sud de l'Argentera** (3 290 m.).

Nous avions donc employé depuis l'épaulement une heure
cinquante-cinq minutes pour arriver au sommet ; c'était en
réalité bien moins de temps que nous ne l'avions cru au
départ, car nous avions compté sur environ trois heures.
Notre satisfaction fut très grande d'avoir pu vaincre l'Argentera dans d'aussi bonnes conditions et pour comble de
bonheur le soleil illuminait merveilleusement le vaste horizon
pour nous permettre de mieux l'admirer. Il n'y avait qu'une
tache au tableau : le littoral méditerranéen se cachait sous
une mer brumeuse s'élevant uniformément à 1 600 mètres
d'altitude. En effet, nous voyions dans cette direction les
nuages accumulés, rasant le sommet du Brec et laissant à
peine émerger le Siruol, le Tournairet, le Caire Gros et le
Cheiron, venir s'arrêter au confluent du Boréon et du Salèses.

Comment traduire ici la profonde impression que nous
ressentîmes en présence de l'inoubliable panorama hivernal
de l'Argentera, que nos yeux fouillaient dans tous ses coins
et recoins sans pouvoir se lasser ? Il nous semblait que la
Reine des Alpes Maritimes pouvait seule offrir, grâce à la

pureté et à la transparence de l'air, un aussi grandiose spectacle. Sur la gigantesque carte géographique déployée devant nos yeux, notre attention se fixait, se reposait avec complaisance. Mais à quoi bon insister et essayer une peinture inutile ? Ces émotions-là, vécues par une splendide journée d'hiver, se racontent difficilement ; c'est assez de les avoir ressenties.

Tout en considérant avec admiration les grands sommets des Alpes assoupis sous l'éternelle blancheur des neiges, nous nous plaisions à évoquer le souvenir de nos récentes escalades sur les cimes environnantes (1).

La pression barométrique était de 508 ᵐ/m 2. Une brise légère soufflant de l'Ouest allait rafraîchissant l'atmosphère ; le thermomètre ne marquait pourtant que — 6° au Nord et 0° au Sud. Cette température était en réalité très douce, eu égard à la saison et à l'altitude. Les éléments nous secondèrent de la sorte au delà de nos désirs ; quelques blocs de l'arête s'étaient dégarnis de neige comme pour réserver à chacun de nous un siège convenable.

Aussi prolongions-nous notre station sur ce piédestal aérien pendant une heure vingt-cinq minutes et ce laps de temps nous parut encore trop court, étant donnée la pure jouissance que nous procurait le succès inespéré de cette course.

Entre temps nous sablions le champagne ; l'occasion

(1) Une mention spéciale signale à la fin du *Bulletin de la Section des Alpes Maritimes du Club Alpin Français,* 1901, dans la série des « Excursions particulières », les ascensions suivantes réussies par nous pendant le dernier été autour de l'Argentera avec Jean Plent, guide et André Ghigo, porteur : le 30 juin 1901 la Punta Stella (2 567 m.), le 1ᵉʳ juillet la Cime de l'Oriol (2 940 m.), le 2 juillet la Cime Sud de l'Asta (2 950 m.), le 3 juillet la Cime Nord du Dragonet (2 670 m.), le 17 septembre la Pointe 2915 de l'arête de la Madre di Dio (dont le 14 j'avais déjà escaladé la cime inférieure) ainsi que la Pointe 2868, le 18 septembre la Rocca de l'Asta (2 871 m.) et la Cime Nord de l'Asta (2 945 m.), et le 19 septembre la Madre di Dio (2 802 m.).

n'eût pu être meilleure ni l'endroit mieux choisi pour nous conformer à cette tradition alpiniste.

Puis, à 1 h. 15 min., la voix autoritaire du père Plent ne tarda pas à se faire entendre pour ordonner la descente, car il ne fallait pas oublier... qu'il restait quelques pas à faire pour retourner à Saint-Martin et une nuit passée dans les parages de l'Argentera eût été, le 23 janvier, plutôt déplaisante.

En route donc, puisque notre séjour ne saurait durer plus longtemps sur ces hauteurs, qui nous furent aussi particulièrement hospitalières, mais pas de précipitation dans le couloir, où tous nos mouvements devront être surveillés davantage encore qu'à la montée. Nous nous laissions doucement glisser tour à tour dans les rochers et sur les traces précédemment ouvertes. Après avoir frôlé la muraille en certains points, nous quittions le couloir en reprenant le haut de la combe neigeuse pour rejoindre la dépression de l'épaulement à 2 h. 30 min.

Depuis que nous avions laissé le sommet, le vent d'Ouest s'était levé un peu plus fort et nous en sentions les atteintes tandis que nous nous lestions confortablement pour n'avoir plus à nous arrêter en route avant longtemps.

A 3 h. 10 min. s'effectuait notre départ.

En vue de gagner du temps sur la descente du grand couloir dit des Éboulis, nous nous engagions immédiatement sur la pente neigeuse et laissions plus bas à notre droite la bande de rochers qui nous avait si utilement servi à la montée. Mais nous eûmes bientôt le désagrément de constater que la surface de cette pente très rapide n'était pas en neige régulière, inconvénient qui se présente fréquemment dans les courses hivernales ; au début, nous enfoncions légèrement, ce qui garantissait notre sécurité sur une telle déclivité, puis nous trouvions une longue plaque de verglas rendant la traversée assez dangereuse. Avec quelque peine nous abandonnions le milieu du couloir pour nous porter à notre gauche, non loin des rochers bordant le couloir, où la neige devint meilleure. En trente minutes nous accomplissions cette ennuyeuse descente; aussitôt après nous reprenions nos empreintes du matin encore suffisamment marquées pour nous aider avec avantage.

Arrivés en vue du versant méridional de la Nasta (10 minutes de halte), nous voyions le soleil décliner lentement sur l'horizon, puis disparaître derrière le massif du Pepoiri.

La nuit s'avançait à grands pas et nous n'allions pas tarder à être surpris par son ombre. Aussi poussions-nous rapidement la marche qui fut un instant ralentie à la traversée de la combe sous le Brocan, presque convertie en glace sous l'influence du vent d'Ouest. Nous parvenions au Col de Ghilié à 5 h. 45 min., juste au moment où l'obscurité menaçait de devenir complète. Mais par une coïncidence aussi heureuse que bizarre, nous apercevions en même temps les belles arêtes du Pelago et des Baissettas éclairées, faiblement il est vrai, par la lune encore invisible pour nous. L'usage de la lanterne allait donc encore nous être épargné; à 5 h. 50 min. nous dévalions prestement les pentes méridionales du Col de Ghilié, et, après un arrêt de dix minutes en route, nous arrivions à 7 h. 30 min. à la Ciriegia, où nous ne restions qu'une vingtaine de minutes pour fermer l'hôtel et en retirer nos effets. A 9 h. 15 min. nous étions rendus à Saint-Martin.

En abandonnant les hauteurs, nous avions aussi quitté la claire atmosphère, car dès notre retour dans la vallée, nous pénétrions en plein brouillard. Décidément notre course s'était heureusement accomplie à la limite extrême de cette série de beaux jours. Le lendemain il eût été impossible de risquer l'essai de cette ascension lointaine qui dans les meilleures conditions possibles nous avait coûté quinze heures cinq minutes de marche réelle, sans compter quatre heures quarante minutes consacrées aux diverses stations. A mon avis, l'horaire du 23 janvier doit être considéré comme un minimum, puisqu'en été il ne faut pas moins de douze heures de marche effective.

En réalité, notre succès résulte surtout d'un concours simultané de circonstances favorables, que l'on trouvera rarement réunies le même jour : fermeté de la neige, suffisante pour rendre les raquettes et les crampons inutiles, en permettant une marche sensiblement normale, douceur de la température, sûreté du temps, clarté de la lune alternant le matin et le soir avec celle du jour de façon à dispenser de l'emploi de la lanterne.

En réservant les conditions de la neige qu'il est nécessaire d'avoir bonne pour réussir une pareille ascension, je considère que ce ne sont pas tant les difficultés de l'escalade du couloir terminal qui pourraient rebuter l'alpiniste en hiver, mais plutôt la longueur vraiment exagérée de la marche à effectuer pour se rendre de la Ciriegia à la dépression de l'épaulement. Ce second obstacle sera donc aisément supprimé au départ du Refuge Genova (vallée de la Ruine), qui rapproche considérablement les distances en les diminuant de la moitié.

S'il est vrai que la chance entre pour une large part dans la réussite d'une course de montagne, nous pouvons nous flatter de l'avoir eue ce jour-là dans notre jeu en entreprenant l'Argentera.

INDEX DES HORAIRES

Aller..	De la Ciriegia au Col de Ghilié..............	2 h. 55 min.	
	Du Col de Ghilié au pied du couloir de l'épaulement..............	1 h. 55 min.	
	Du pied du couloir à la dépression de l'épaulement...............	1 h. 45 min.	8 h. 30 min.
	De la dépression de l'épaulement à la cime de l'Argentera..........	1 h. 55 min.	
Retour	De la cime de l'Argentera à la dépression de l'épaulement...............	1 h. 15 min.	
	De la dépression de l'épaulement au Col de Ghilié.	2 h. 25 min.	6 h. 35 min.
	Du Col de Ghilié à la Ciriegia.............	1 h. 30 min.	
	De la Ciriegia à St-Martin.	1 h. 25 min.	

Total des heures de marche...... 15 h. 05 min.

Haltes en route.................. 1 h. 35 min.
Deux arrêts à la dépression de l'épaulement....................... 1 h 40 min.
Station au sommet.............. 1 h. 25 min.

Total des stations............... 4 h. 40 min.

Total des horaires.............. 19 h. 45 min.